LE
CARNAVAL DE VENISE

Le Carnaval de Venise

Représenté pour la première fois

sur le Théâtre du Chat Noir

en novembre 1891

MAURICE VAUCAIRE

Le
Carnaval de Venise

deux tableaux en vers

Illustrations originales de Louis MORIN

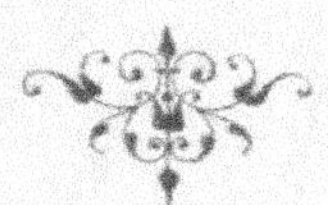

PARIS

Imprimé pour l'Auteur

1891

A VICTOR D'AURIAC

Ier TABLEAU

*Dans une rue de Venise, — n'est-ce pas ? — qu'éclaire par-
tiellement un clair de lune, une femme nue se promène. C'est
l'esprit de la Venise d'autrefois qui, dans la navrance des visi-
teurs d'aujourd'hui, vomis par les agences Cook, se lamente et
songe à de poétiques revanches. Elle dit :*

Lasse des voyageurs mal coiffés et mal mis
Qui te déparent — O Venise ! est-ce permis ? —
Et qui font que ta vieille splendeur agonise,
Moi, fille de Longhi, ce Watteau de Venise,
Moi, modèle du bon peintre Tiepolo,
Aussi vrai que tes pieds trempent toujours dans l'eau
Et que sur l'eau voici venir une gondole,
Venise, ville en or ! Venise, vieille idole !
Je vais donc te venger.

(Une gondole, menée par des femmes, s'arrête devant elle.)

                 Ah ! mes sœurs, vous voilà.

Des sacs, de très gros sacs, d'énormes sacs sont là,
Pleins de paletots, pleins d'habits, pleins de jaquettes :
Bien. Dans les moyens les tubes et les casquettes ?
Bien. Ce que nous vouons à tout notre mépris,
Enfin ce qui souillait Venise, tout est pris ?
Confisqué ? Vous avez sans hontes ni scrupules
Pillé les chambres, les salons, les vestibules
Des hôtels ? Je ne vous verrai plus, pantalons !
Je ne vous verrai plus non plus, chapeaux-melons !
Exquis échantillons du goût démocratique,
Allez civiliser la mer Adriatique !
Allez nourrir les gros poissons et leurs petits !
Vous êtes remplacés par de gais travestis.
Chacun en s'éveillant, comme veut la coutume,
Trouvera sur son lit un chatoyant costume,
— Je ne vous dis que ça, — dans le style ancien,
La toque verte et le manteau vénitien.
La courtisane aura droit au maillot du page
Pour être plus agile à faire du tapage,
Et la matrone, dans ses somptueux brocarts,
Comme Fornarina se tiendra de trois-quarts.
Les femmes devront conserver la bouche close
Hormis pour le baiser dont l'urgence s'impose,
Et ne devront parler d'amour qu'avec les yeux ;
Mais les hommes seront bavards et captieux.
Piazetta, pont des soupirs, palais des Doges,
Vieux lions de Saint-Marc, vieux quais, vieilles horloges,
Blancs escaliers de marbre et dômes de métal,
Magasins des décors du Théâtre Idéal,

O Venise ! tu vas renaître une soirée,...
Pour demain sois coquette et joliment parée,
Ton amant va venir, accueille ton amant,
Parlez de vos amours, sentimentalement,
Et tous deux accoudés derrière les lanternes,
Vieux amants contemplez les amoureux modernes !
Nous, modèles du bon peintre Tiepolo,
Aussi vrai que tes pieds trempent toujours dans l'eau
Et que sur l'eau voici s'enfuir cette gondole,

(Elle monte dans la gondole qui se remet en marche.)

Venise, ville en or ! Venise, vieille idole !
Nous allons te venger...

(Plusieurs voix chantant dans la coulisse et se mourant.)

IIe TABLEAU

*Et maintenant, que la fête commence! Et dans Venise illu-
minée, c'est vraiment le cas de le dire, à giorno, d'innombrables
embarcations passent et repassent. A droite, le Bucentaure, la
galère du Doge. C'est sur elle qu'il s'avançait lorsqu'il se ma-
riait avec l'Adriatique et jetait son anneau d'or dans les pro-
fondeurs de l'humide épousée. Voici venir, d'abord, la Comédie-
Italienne. Debout, au milieu des gloires et des vanités cabotines,
le Cabot, d'une voix chaude et vibrante, porte ce jugement sur
les sociétaires.*

Ohé! Matamore! Eh! Fracasse!
Ta moustache de léopard
Perce les cœurs de part en part.
Moyen évidemment cocasse

Pour exprimer ton amitié
A qui méconnaît ta nature
Digne d'une sainte pitié.
Mais si tu guettes ma moitié !
Je te mets en déconfiture,
Toi, ton sabre et ton capuchon.
   Cornichon !

Vilain homme que Scaramouche !
Un jour il étrangle une mouche,
Qui se panadait, palsambleu !
Sur son nez quasi-rouge et bleu.
Vilain homme que Scaramouche !

Vilain homme que Mezettin !
Cornard, gourmand, fat, libertin,
Double ingrat laissant en détresse
Son rejeton et sa maîtresse.
Vilain homme que Mezettin !

Vilaine femme, Colombine !
Qui, pour enrayer la débine,
Se prête, se loue et se vend
Sans sourciller et si souvent.
Vilaine femme, Colombine !

Mais quel brave homme que Pierrot
Plus blanc que de l'orge en sirop,
Et qui meurt d'amour pour la lune.
Ami Pierrot, triste Pierrot,
Je te fais comte de Bellune.

Et de la suivante gondole des chanteurs, une voix s'élève,
accompagnée par les théorbes, les flûtes traversières et les violes
d'amour.

J'ai plongé ton corps tout entier,
Ma Juive dans le bénitier
        De Notre-Dame,
Tu peux mourir d'un cœur content
Sans craindre un instant que Satan
        Prenne ton âme.

Moi qui ne suis qu'un indigent,
J'ai, sans toucher à leur argent,
        Pris ma revanche,
En choisissant comme tribut
La plus belle de leur tribu
        Et la plus blanche.

Tant pis pour le vieil Israël
Si ta place est marquée au ciel
        Par un grand cierge;
Aujourd'hui, ma Juive, tu crois
Aux Saints, aux Anges, à la Croix
        Comme à la Vierge.

****

La brise forte et parfumée,
C'est la voix de la Renommée
Que l'on entend du sud au nord
Soufflant dans sa trompette en or.

Tra la la la
C'est la voix de la Renommée.

La brise douce et parfumée
C'est la voix de la bien-aimée ;
Dans son cœur je suis enfermé
Du mois de juin au mois de mai ;
Tra la la la
C'est la voix de la bien-aimée.

Hélas ! Hélas ! Tout est fumée !
La Renommée !
La Bien-aimée !
Et c'est la mort qui nous attend.
Chantons quand même en attendant
Tra la la la
Hélas ! Hélas ! Tout est fumée !

La musique cesse brusquement. Car voici le yacht à vapeur qui fait le service entre Venise et le Marais. Il est monté par un odieux bourgeois qui crache dans l'Adriatique ses Sensations d'Italie.

On est moins secoué dans un yacht à vapeur.
Et puis on va plus vite et puis on a moins peur ;
Chaque gondole qu'on rencontre se dérange.
La drôle d'aventure. Étrange. Étrange. Étrange.
Venise, c'est joli, mais c'est sale, il faudrait
Redonner aux maisons ce petit air propret
Qu'elles devaient avoir, bien sûr, à l'origine.
En tout cas, c'est très drôle ; on se croirait en Chine.

(Il fredonne.)

> *Viens dans ma nacelle*
> *Au déclin du jour...*

> *Les voix se perdent au lointain.*

La gondole des poètes. En des poses classiques d'abandon, les poètes disent, à mi-voix, aux dames de leurs désirs et de leurs pensées, des vers fraîchement composés, prétendent-ils. L'un d'eux parle haut, c'est pour qu'on l'entende mieux.

Permets-moi cette chose exquise
De t'adorer en te mentant ?
O ma plébéienne marquise
Permets-moi cette chose exquise,
Et toi-même en diras autant ?

Factice sera ma tendresse,
Ayant la consolation
D'être fixé sur mon ivresse,
Je jouerai bien la passion.

Permets-moi cette chose exquise
De t'adorer en te mentant ?
O ma plébéienne marquise
Permets-moi cette chose exquise ?
— Tiens, je pleure, fais-en autant ! —

***

Viens ! cherchons un abri dormeur
Éloigné de tout édifice,
Où, sans entendre sa clameur,
Nous jugions du feu d'artifice.

Je veux un coin silencieux
Pour être libre, à la nuit close,
De baiser tout le temps tes yeux
Agrandis par l'apothéose.

De prendre à témoin, hautement,
De nos amours éternisées,
Les étoiles qui, fixement,
Se moqueront bien des fusées.

Gondolier, allons au Lido !
Là-bas, nous mettrons pied à terre ;
Dans l'herbe, nous ferons dodo,
Si l'on peut dormir à Cythère...

Et pour nous venger, au réveil,
D'avoir pu manquer cette fête,
Dieu tirera sur notre tête,
Son plus beau lever de soleil.

Venise va rentrer dans la lumière et la banalité. Cette gondole toute noire est la gondole des amants, toute noire elle semble porter le deuil de la fête. Elle va, la gondole noire, stores baissés, cahin-caha, hue dia ! hop là ! au pas et à l'heure.

Un masque noir avec un rose. — Amour ! Amour ! —
Ensevelis dans leur amour exempt d'humour,
Parfumés au lilas, au muguet, à la rose,
Après ceux qui disaient des vers font de la prose,
Ils ne se quitteront probablement qu'au jour

Ou jamais. Passez donc, gondole,
Passez mystérieusement.

L'Adriatique est un Pactole
Où tombe l'or du firmament.

Amants, votre amour est récente,
Demain faudra vous désunir,
A moins qu'à l'aube commençante
Vous envisagiez l'avenir.

Si oui, soyez chacun fidèle,
Hors quoi ni salut, ni plaisir,
Qu'on dise : le couple modèle,
L'Espoir épousa le Désir.

Ensevelis dans leur amour la nuit entière,
A tel point qu'ils n'ont rien vu ni rien entendu
De la fête, ils s'en vont sur ce bateau perdu
Comme s'ils naviguaient autour d'un cimetière.

Ils passent.

*Les dames patronnesses de la fête, n'ayant pas de mouchoirs
pour sécher leurs yeux ni pour donner le signal des adieux, se
contentent de jeter un dernier coup d'œil — combien mélanco-
lique ! — à leur Venise illuminée. Vous n'avez rien à dire,
Mesdames ? — Non. — Baissez le rideau ! La fête est bien finie.*

Imprimé pour l'auteur
par Cerf et Fils
à Versailles